AF332789

DORNIER,

REPRÉSENTANT DU PEUPLE,

Député au Conseil des Cinq-Cents par le département de la Haute-Saone,

A SES CONCITOYENS.

Puisque la malveillance s'attache sans cesse aux pas de l'homme de bien ; que la jalousie et l'ambition réunies cherchent tous les moyens de lui nuire et de l'opprimer, sans nul égard pour les services qu'il a rendus à la patrie, et pour les sacrifices immenses qu'il a faits en faveur de la révolution ; puisque, malgré ma conduite franche et loyale, et les gages éminens que j'ai donnés à la République, il s'est

A

trouvé des hommes assez méchans et assez bassement perfides pour me calomnier dans l'esprit de mes concitoyens, qui m'ont constamment honoré de leur confiance, je dois leur prouver que je ne m'en suis jamais rendu indigne.

C'est sur ma fortune et mes affaires commerciales qu'on a cherché à égarer l'opinion publique, et c'est au moment de la répartition de l'emprunt de cent millions qu'on a répandu les bruits les plus absurdes et les calomnies les plus atroces. Ceux qui les ont imaginés sont d'autant plus criminels qu'ils connoissent mes affaires mieux que personne, et qu'ils savent très-bien que ma fortune ne s'est point accrue des malheurs révolutionnaires, ni des dilapidations publiques, dont j'ai gémi particulièrement plus qu'ils ne l'ont fait eux-mêmes; ils savent aussi que dans les temps les plus orageux, et alors qu'il y avoit du danger à combattre les dilapidateurs, je l'ai fait avec toute l'énergie dont j'étois capable, et le courage que m'inspiroit la mission dont j'étois chargé.

Ce n'est pas à ces individus bassement flatteurs que je veux m'adresser, je ne puis avoir rien de commun avec eux; c'est à vous, mes concitoyens, que je dois le compte de mes actions; c'est à vous que je vais le rendre avec sincérité et loyauté. Mes détracteurs me forcent dans ce moment à élever la voix et à parler de moi; mais je ne dirai que la vérité, qui doit les confondre.

On a répandu à dessein que j'avois considérablement augmenté ma fortune depuis la révolution ; qu'outre mes propriétés situées dans le département de la Haute-Saone, j'avois des domaines immenses dans la Vendée, et que j'avois des fonds considérables employés au roulement de mes usines.

Ces calomnies se sont tellement accréditées, que le jury chargé de la répartition de l'emprunt de cent millions en a été frappé, et qu'il s'est cru en droit de me taxer à 48,926 fr. 7 cent., somme énorme pris égard à ma fortune et à mes charges, que je lui avois cependant fait connoître par ma déclaration remise à l'administration centrale depuis le 7 fructidor.

Pour détruire toutes ces imputations mensongères, et faire connoître l'exacte vérité, il suffit de mettre sous les yeux de mes concitoyens la situation de mes affaires avant la révolution, et leur état présent.

Ce bilan, justifié authentiquement par mes livres-journaux, confondra les imposteurs ; il éclairera les hommes impartiaux, et il forcera mes ennemis même à me rendre justice, à moins que la haine et l'envie ne leur aient entiérement fait perdre l'usage de la raison.

Le 30 vendémiaire an 4, je fis la déclaration de ma fortune, en exécution du décret de la Convention nationale, du 4 du même mois. Cette déclaration est déposée aux archives de la République, et un double a été par moi envoyé dans le temps à l'administration de mon département.

Il résulte de cette déclaration , qu'au premier mai 1791 , époque de mon inventaire , et d'après mes livres-journaux, mes fonds employés au roulement de dix-sept bouches à feu, tant en hauts fourneaux que feux de forges , que j'exploitois en société avec le citoyen Springaux, depuis plusieurs années, se portoient à 433,220 liv. 14 s. , valeur de 1790, et que je possédois en outre des domaines patrimoniaux pour plus de 120,000 liv. , non compris la dot de mon épouse, de 72,000 liv. , qui m'a été payée pendant les ans 5, 6 et 7.

Que pendant le cours de la révolution, c'est-à-dire , depuis le premier mai 1791 jusqu'au 30 vendémiaire an 4, j'ai acquis et payé divers biens , montant en capital à la somme de cent soixante mille neuf cent cinquante-huit livres dix-huit sous, ci. . . . . 160,958 liv. 18 s.

Que suivant mes livres de commerce et état de situation au premier prairial an 4, mes fonds dans les mêmes usines se réduisoient à deux cent mille livres, ci. 200,000

Total , ci. . . . . 360,958 liv. 18 s.

5

Résultat.

Fonds employés au roulement de mes usines.
{
Au premier mai 1791, ci . . . . . 433,220 liv. 14 s.
Au premier prairial an 4, y compris les biens acquis et payés, ci . . 360,958 18
}

Diminution, ci . . . . . . 72,261 liv. 16 s.

D'où il résulte que mes fonds portés en l'inventaire de 1791, ont diminué de 72,000 liv. 16 s., valeur de 1790, non compris une somme de 46,158 liv. 17 s., montant de ma portion dans les bénéfices, d'après l'inventaire fait avec mon associé le premier avril 1792; ce qui fait une perte réelle de 118,420 liv. 13 s., valeur de 1790, pendant la durée du *maximum*.

Ce compte est appuyé de pièces justificatives; il ne peut être attaqué par la malveillance, et je défie l'ennemi le plus acharné de le contredire en aucune manière; j'offre même à tous ceux qui le desireront, la communication de mes livres et journaux d'après lesquels il a été dressé.

Le 7 fructidor dernier, n'étant pas sur les lieux, et ne pouvant assez promptement me procurer les renseignemens que j'aurois desirés sur la situation de mes affaires, je me trouvai néanmoins en état de satisfaire à la loi du 6 du même mois sur l'emprunt de cent millions; je rédigeai ma déclaration, que je fis passer à l'administration centrale du département de la Haute-Saone.

Après lui avoir fait connoître que mes contributions foncières étoient de 6,646 fr. 95 cent., et mes charges annuelles, authentiquement prouvées, de 13,050 fr., je lui fis la déclaration suivante :

« Je déclare en outre, que n'ayant pu faire un » inventaire dans mes usines cette année, par rap- » port à mon absence, je ne puis dire au juste à quoi » se montent les fonds qui servent à leur exploita- » tion ; je les estime d'après mon inventaire de l'an » dernier, et bénéfices présumés, à la somme de » 230,000 fr., sur laquelle je ne crains pas de dé- » clarer que je suis débiteur, d'après mes livres, de » plus de 150,000 fr., qui m'ont été confiés par divers » citoyens, auxquels je paie des intérêts au-delà des » bénéfices actuels (1).

» J'ajoute encore que pour solder l'acquisition du

---

(1) Lors d'une estimation juridique faite avec la famille du citoyen Springaux, il y a environ quatre mois, dans les usines de Vauconcour, Renaucourt et Frelans, il a été reconnu que les fonds servant à leur exploitation se montoient à 91,043 fr. 50 c., dont moitié leur appartenoit. Ils m'ont cédé leur portion, que je redois en partie.

Au 20 thermidor dernier, il existoit dans les usines de Crochot et de la Barbe, des fonds servant à leur roulement, en valeur de 58,492 fr. 90 c., suivant mon compte avec le citoyen Monniotte, intéressé dans leur exploitation.

» fourneau de Vauconcour, je me suis chargé envers
» le ministre de la marine, de lui fournir au port de
» Toulon, environ trois cent milliers de fers, poids
» de marc, tant en cercles, rubans, martinets, verges
» que fers en barres provenant de mes propriétés,
» dont je redois encore plus de moitié et à la fa-
» brication desquels on travaille : déclarant que sans
» ce moyen j'aurois été forcé de laisser revendre ce
» fourneau comme beaucoup d'autres l'ont fait, et la
» République y auroit perdu plus de moitié, pris égard
» aux reventes, qui ont eu lieu pour de semblables
» objets dans mon département (1).

» Je profite de cette circonstance pour déclarer de
» nouveau à mes concitoyens, comme je l'ai déja fait
» en l'an 4, que jamais directement ni indirectement,
» ni avant, ni pendant la révolution, ni jusqu'à ce
» jour, je n'ai fait aucune fourniture pour le gou-
» vernement, que je n'en ai jamais sollicité de qui
» que ce soit, ni pour qui ce soit, pas même d'in-
» demnité pour environ trois millions de fers et fontes
» que j'ai fournis avec mon associé Springaux, pendant
» la durée du *maximum*, et du gouvernement révo-
» lutionnaire, et sur sa réquisition ; que je n'ai jamais rien

______

(1) Au sujet des fers que j'ai déja livrés à la marine, je ne dois
pas laisser ignorer que suivant le rapport des agens du gouvernement chargés de leur réception au port de Toulon, ces fers ont
été reconnus pour être d'une qualité supérieure à tous ceux qu'on
y a reçus depuis plus de vingt ans.

» acheté, ni fait acheter de lui que des bois pour
» mes usines aux adjudications publiques.

» J'offre aux jurés et à tous ceux qui le désireront,
» mes livres et journaux, autant en règle qu'il est
» possible dans ma position, à l'appui de la présente
» déclaration que j'affirme sincère et véritable.

» J'observe en outre que j'ai payé sur mes usines,
» plus de 4000 fr. de patentes, et que presque toutes
» mes propriétés consistent en forges et fourneaux,
» qui sont dans ce moment plus à charge qu'à profit,
» et desquels je suis à la veille de suspendre l'exploi-
» tation. J'ai neuf enfans, dont l'aîné a quinze ans
» et demi. »

D'après cette déclaration, que j'affirme de nouveau,
on trouvera surprenant, sans doute, que le jury de
taxation m'ait cotisé à 48,926 fr. 7 c. d'emprunt ; ce ne
peut être que l'effet de l'erreur ou de quelques perfides
insinuations, car sur quoi ce jury s'est-il fondé pour
porter ma cote de contribution à 12,646 fr., tandis
qu'elle n'est que de 6646 fr. 95 c. ? sur quoi s'est-il
fondé pour évaluer ma fortune présumée à 600,000 f.
au mépris de ma déclaration, justifiée par des livres
de commerce qu'on ne peut arguer de faux ? Si ce
jury m'a taxé sur la foi des calomnies répandues
adroitement contre moi, s'il a calculé mon avoir
d'après tous les sots propos qui m'attribuent une fortune considérable, qui me font possesseur de biens
immenses dans la Vendée, il n'a été que trompé ; et
le jury de révision n'aura qu'une erreur et une in-

justice involontaire à réparer; si au contraire la taxe a été méditée, si on a voulu me punir de mon dévouement à la chose publique, je poursuivrai la réparation de cet acte arbitraire, non-seulement pardevant le jury de révision, mais encore auprès des premières autorités spécialement chargées de mettre un frein à l'injustice et à la méchanceté.

C'est ici le moment de déclarer que je n'ai point augmenté ma fortune pendant la révolution; que je ne possède aucun bien dans la Vendée, et que j'abandonne à mes ennemis tous ceux qu'ils ont la scélératesse de m'y supposer : comme aussi je leur déclare solemnellement que ma fortune actuelle est à leur disposition, s'ils veulent me la remplacer par celle que possédois au premier mai 1791. J'ajoute, au surplus, que si cette fortune s'étoit améliorée, je n'aurois pas à en rougir, parce que, dans tous les temps, la loyauté et la probité ont servi de bases à toutes mes opérations commerciales.

En voilà bien assez pour démontrer aux citoyens les moins prévenus en ma faveur, que ma cote à l'emprunt de cent millions est exorbitante, qu'elle excède de deux tiers au moins celle qu'on auroit pu, à toute rigueur, me fixer, et que le jury de révision ne peut se dispenser de la rectifier; car elle est nonseulement des plus arbitraires; mais elle contient une contravention formelle à l'article XIV de la loi du 19 messidor, en ce qu'on n'a point défalqué mes charges authentiquement justifiées.

Après avoir rendu compte de ma fortune, je dois

celui de ma conduite politique : il sera fort court. J'ai été et je serai dans tous les temps l'ami et le défenseur des vrais républicains. Je ne me suis jamais écarté de la route du patriotisme, et j'ai été constamment l'ennemi des factions qui s'opposoient à la prospérité de la République. Mon existence, celle de ma nombreuse famille et ma fortune, sont attachées au maintien de la constitution de l'an 3 : je la défendrai envers et contre tous. Les clameurs de quelques ennemis particuliers, leurs calomnies répétées adroitement par leurs affidés, ne me feront pas changer de principes ; je suis ce que j'étois dès l'aurore de la révolution, sincèrement attaché à la patrie et ami passionné de la liberté.

Vous m'avez vu au milieu de vous, mes concitoyens ; vous avez été témoins de ma conduite franche et loyale, et des sacrifices que j'ai faits en faveur de la révolution. Je suis loin de les regretter ; au contraire, je suis prêt à en faire de nouveaux, si les circonstances l'exigeoient.

Voilà mes principes, voilà ma conduite ; ils seront l'un et l'autre approuvés de vous, parce que vous êtes, comme moi, sincèrement attachés au gouvernement républicain et à la constitution de l'an 3, que nous défendrons des attaques réunies de tous ses ennemis, de quelque masque qu'ils se couvrent.

A Paris, le 10 vendémiaire an 8 de la République française.

BAUDOUIN, Imprimeur du Corps législatif, place du Carrousel, N°. 662.